»Trier«, so schmunzelte Goethe, sei »innerhalb der Mauern von Kirchen, Kapellen, Klöstern, Konventen, Kollegien, Ritter- und Brudergebäuden belastet, ja erdrückt, außerhalb von Abteien, Stiften, Karthausen blockiert, ja belagert« (Campagne in Frankreich, 1822; für den 29.10.1792).

Trier ist, bei allem energischen Wandel, immer noch eine spürbar kirchliche, eine vor allem katholische, aber auch eine sichtlich römische Stadt, die Stadt mit den ältesten archäologischen Bauzeugnissen der Römer in Deutschland überhaupt, eine rein zivile Siedlung 120 km vom Rhein und den feindlichen Germanen entfernt. Hier hatten die Römer 18 v. Chr. auf einer schon von den keltischen Treverern gesicherten Furt eine nachgewiesene Holzbrücke gebaut und bald ein erstes Schachbrettmuster von Wegen, dann Straßen über eine verstreute keltische Siedlung angelegt. Unter Kaiser Augustus im Trevererland gegründet, hieß die rasch wachsende Stadt Augusta Treverorum, später Treveri.

Als Schutz gegen die wachsende Germanenbedrohung bauten die Römer um 180 n. Chr. schließlich eine 6,4 km lange Stadtmauer, die später fünf Tore besaß. Überreste von Toren sind an Römerbrücke und Amphitheater sichtbar, und die Porta Nigra ist fast vollständig erhalten.

Vom Reichtum der antiken Treveri zeugt u.a. der weltweit größte Fund von antiken Goldmünzen (2.517 Stück) im Jahre 1993. Doch 275 n. Chr. wurde die Stadt von den Alemannen zer-

Porta Nigra – von der Stadtseite gesehen

stört, um schon 293 als eine der Hauptstädte des Weströmischen Reiches (neben Mailand) umso prächtiger wiederzuerstehen.

Im vierten Jahrhundert zählte sie 60.000 Einwohner, erlebte elf Kaiser und wurde unter Konstantin dem Großen (in Trier 306–316) ein früher Kraftpunkt für die Ausbreitung des Christentums nördlich der Alpen.

Die Völkerwanderung führte im 5. Jahrhundert zur mehrfachen Zerstörung durch die Franken, die sich schließlich hier niederließen und damit ihre westgermanische Sprache einführten.

Treveris, wie es jetzt hieß, war auf vielleicht 800 Einwohner geschrumpft, aber die Erhebung des Bischofs zum Erzbischof durch Karl den Großen deutete einen neuen Aufschwung an, der 882 durch den Einfall der Wikinger jäh gestoppt wurde.

Die Stadt erreichte ihre frühere Pracht nie wieder, aber wenigstens wuchs sie (mehr als 12.000 Einwohner im 14. Jahrhundert); sie vollendete die neue Stadtmauer 1248 und hatte in Balduin von

Luxemburg (1307–1354) ihren größten Erzbischof und Kurfürsten. Balduin, Bruder von Kaiser Heinrich VII. und Großonkel von Kaiser Karl IV., stellte sicher, dass er und seine Nachfolger zu den sieben Kurfürsten bei der Königs- und späteren Kaiserwahl gehörten.

Die Stadt selbst strebte freilich ihre Unabhängigkeit von den Erzbischöfen an, die ihrerseits mehr und mehr Zeit in Koblenz verbrachten. Trier, wie es jetzt hieß, beherbergte einen Fürstentag – damals wurde 1473 die Universität gegründet, und einen Reichstag, dort wurde 1512 erstmals der Heilige Rock gezeigt.

1522 war die Stadtmauer noch stark genug, um eine Belagerung durch Franz von Sickingen abzuwehren, aber Reformation und Religionskriege schwächten auch Trier. Der Versuch, 1559 die Reformation einzuführen, schlug fehl, und die reformationsgeneigten Weber, Rückgrat der Trierer Wirtschaft, wanderten weitgehend ab. 1580 entschied das Reichshofgericht den Streit um die Stadtherrschaft zugunsten des Erzbischofs, der nun wieder seine Residenz nach Trier verlegte. Der Wiederaufbau der kurfürstlichen Verwaltung glich den Verlust von Arbeitsplätzen im Weberhandwerk und im Weinhandel einigermaßen aus – das Klima hatte sich aber verschlechtert, hatte zu einer Folge von Missernten geführt, was seinerseits Hunderte von Hexenprozessen auslöste. Der Dreißigjährige Krieg (1618–1648/49) und die folgenden Franzosenkriege brachten Trier, das nach 1552 nur noch 55 km von Frankreich entfernt lag, eine kaum unterbrochene Folge von Belagerungen, Besetzungen und Zerstörungen zwischen 1635 und 1737. 1697 zählte Trier weniger als 2.700 Einwohner – neben den Insassen der 29 Klöster.

Es war die von Goethe so anschaulich beschriebene Funktion als religiöses Zentrum, die Trier am Leben erhielt, und in der Mitte des 18. Jahrhunderts schmückten herausragende Künstler und Architekten die Stadt mit einem Kranz spätbarocker und rokokozeitlicher Kirchen, Paläste und Gärten.

Goethe beschrieb diesen Glanz 1792 auf dem Weg zu den Schlachtfeldern gegen die französischen Revolutionsheere. Er beschrieb aber auch den Umschwung – die Franzosen gewannen, und 1794 war Trier erobert und wurde später, wie das ganze linksrheinische Ufer, französisch. Unumkehrbarer Wandel trat ein; 1798 wurde die Universität geschlossen, die Zünfte wurden abgeschafft; 1802 wurden die letzten Reste des Kurfürstentums aufgelöst und damit auch das Amt des Erzbischofs, das genau eintausend Jahre Bestand gehabt hatte; das metrische System wurde eingeführt, ebenso der Code Napoléon; 1804 wurde der Kaiser selbst mit großem Aufwand empfangen.

Nach Napoléons Niederlage 1815 übernahmen die siegreichen Preußen Trier als ihren westlichsten Besitz, isoliert und arm. Hier wurde 1818 Karl Marx in eine Stadt von weniger als 10.000 Einwohnern hineingeboren. Trier erhielt eine große Garnison und begann aufzublühen, als die Stadt nach 1871 mit Elsass und Lothringen wieder das alte Hinterland hatte – 1900 wohnten hier 50.000 Einwohner.

Der Erste Weltkrieg warf die Stadt wieder zurück, sie wurde 22mal aus der Luft bombardiert, verlor erneut ihr ganzes Hinterland und bekam eine französische Garnison (mit einem jungen Major, Charles de Gaulle). Der Zweite Weltkrieg schien das Ende gebracht zu haben: 40 Prozent der Innenstadt wurden zerstört, und Trier war so arm, dass nur vereinzelt sofort wiederaufgebaut werden konnte – ein Glück für das Stadtbild, denn der verspätete Wiederaufbau fiel damit in eine Zeit des neu gewachsenen Denk-

Alter Stich von der St.-Simeonkirche (Stadtmuseum Simeonstift)

malbewusstseins. Trier ist daher trotz der großen Kriegsverluste reich an architektonischer Substanz aus zwei Jahrtausenden.

Seit 1970 ist Trier wieder Universitätsstadt (mit weiteren akademischen Institutionen), ist Verwaltungszentrum wie auch Einkaufszentrum für Umland, Luxemburg und Teile von Belgien und Frankreich, eine Stadt von über 100.000 Einwohnern, wo jeder Bauplatz eine Investition in die Zukunft, aber auch ein Einblick in die Vergangenheit ist.

Für den frisch eingetroffenen Gast ist die **Porta Nigra** der vorteilhafteste Ausgangspunkt einer Stadterkundung. Nicht nur ist dieses weltweit besterhaltene römische Stadttor ein Eintritt in die antike Stadt, sondern auch in die heutige Fußgängerzone, acht Mi-

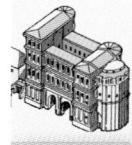

PORTA
NIGRA

nuten Fußweg vom Bahnhof (Anbindung an Luxemburg und den Luxemburger Flughafen), zehn Minuten Fußweg zur Schiffsanlegestelle (Anbindung an den Rhein und auch an die Saar), direkt neben den beiden Hauptknotenpunkten des gut ausgebauten Trierer Stadtbusnetzes und in der Nähe mehrerer Hotels. Neben der Porta Nigra befindet sich die Tourist-Information Trier. Hier findet der Besucher Auskunft, Informationsmaterial und Hotelvermittlung, von hier aus starten während der Saison täglich Rundgänge und Rundfahrten, von hier aus kann man eine bestellte Führung beginnen lassen, aber auch auf eigene Faust losmarschieren – der Standardweg ist etwa 1,5 km lang.

Das Tor selbst stammt aus einer Zeit (ca. 170 n. Chr.), als die Römer öffentliche Gebäude gerne aus großen Quadern (die größten wiegen hier sechs Tonnen) errichteten. Die Sandsteinquader wurden von mühlengetriebenen Bronzesägen zurechtgeschnitten (einige Sägespuren sind noch sichtbar) und ohne Mörtel aufeinandergesetzt. Allerdings verband man je zwei Steine horizontal durch Eisenklammern, die in vorgemeißelte Löcher gelegt und mit Blei ausgegossen wurden. Eine solche Klammer ist im Torinneren nahe der östlichen Wendeltreppe sichtbar; Rostspuren vieler ehemaliger Klammern sind außen einsehbar, denn im Mittelalter meißelte man tiefe Löcher, um das Metall herauszuklauben und zu recyceln. Die Quader entgingen dem Recyclingschicksal, da sich 1030 der griechische Mönch Simeon in den Ostturm als Einsiedler einmauern ließ. Nach seinem Tod 1035 wurde er im Tor bestattet und heiliggesprochen. Ihm zu Ehren wurden in das römische Tor zwei übereinanderliegende Kirchen eingebaut (1804–1819 abgetragen). Da die Kirchen nur einen Turm benötigten, wurde das obere Stockwerk des Ostturms abgerissen – dies blieb der einzige größere Schaden an dem Tor, dessen Name »Schwarzes Tor« mittelalterlich ist und auf die umweltverschmutzungsbedingte schwarze Steinpatina zurückgeht. Im Innern (Eintrittsgebühr) sind Spuren der Doppelkirche, römische Steinmetzzeichen und Datumsgraffiti zu sehen; die Aussichten auf Stadt und Tal sind bemerkenswert.

Neben der Porta Nigra befindet sich das **Simeonstift** aus dem 11. Jahrhundert, Wohngebäude der Priester der Doppelkirche St. Simeon. Das Bauwerk enthält unter anderem ein Restaurant und das **Stadtmuseum** (Eintrittsgebühr) mit seinen koptischen, mittelalterlichen und frühneuzeitlichen Sammlungen; einige Statuen von Ferdinand Tietz sind im südlichen Kreuzgangflügel (erster Stock) ausgestellt, dessen Boden noch auf den originalen Eichenbalken von 1060 liegt.

SIMEON-STIFT

Auf dem Platz vor dem Museum Simeonstift wurde 2018 eine 5,50 Meter hohe **Statue** von **Karl Marx** aufgestellt. Das Werk des Künstlers Wu Weishan ist ein Geschenk der Volksrepublik China zum 200. Geburtstag des großen Philosophen und Kritiker des Kapitalismus.

Karl-Marx-Statue

Porta Nigra – das weltweit besterhaltene römische Stadttor

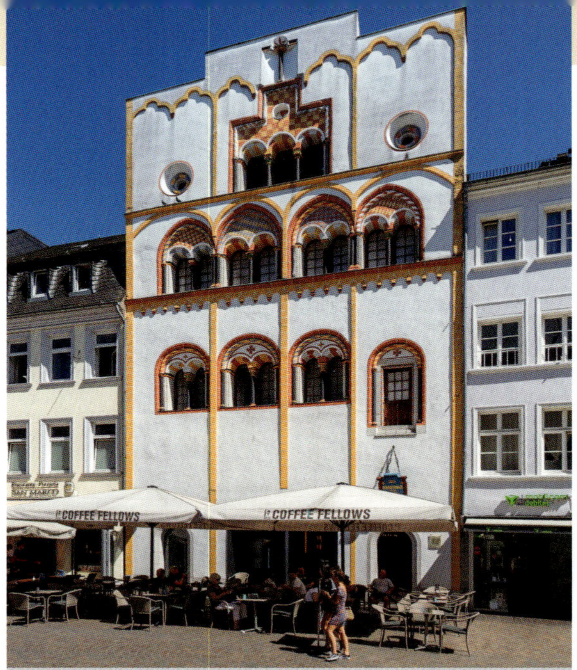

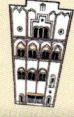

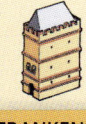

Dreikönigenhaus

DREIKÖNI-
GENHAUS

FRANKEN-
TURM

Der Spaziergang führt durch die **Simeonstraße** (weitgehend die alte römische Hauptstraße) zum Marktplatz. Unterwegs verblüfft links das **Dreikönigenhaus**, erbaut um 1230, als die mittelalterliche Stadtmauer noch nicht fertiggestellt war. Jedes Haus musste sich selbst verteidigen, und das rechte untere »Fenster« war der Eingang, erreichbar nur über eine Leiter oder eine Holztreppe, die hochgezogen werden konnte (Trier hat noch sechs solcher romanischer Wohntürme; der **Frankenturm** von ca. 1100 ist der älteste). Die straßenebigen Türen sind aus neuerer Zeit; die farbenfrohe Ausmalung des Hauses ist jedoch die Ergänzung und Auffrischung der Originalmuster.

Judengasse mit Blick auf die Judenpforte

Kurz vor dem Markt führt rechts die **Judengasse** in das mittelalterliche Judenviertel. Am Ort hergestellte antike Gewichte mit hebräischen Kleininschriften und Plomben bezeugen, dass es schon im zweiten Jahrhundert Juden im römischen Trier gab. Vom elften Jahrhundert an haben wir urkundliche Quellen über eine Trierer Judengemeinde, und 1235 ließen vier Juden vier Häuser auf der linken Seite der späteren Judengasse bauen. Die Keller sind spätromanisch; in einem kann man noch den zugemauerten Eingang zu einem Fluchttunnel sehen. 1418 wurden die Juden aus Trier vertrieben. Viele Juden wanderten in den Osten aus – Jiddisch hat bis heute Spuren des moselfränkischen Mittelhoch-

Frankenturm

Hauptmarkt mit Marktkreuz (Mitte) und Steipe

MARKT-KREUZ

deutschen erhalten. Als die Juden nach 1600 wieder in die Stadt zurückgerufen wurden, siedelten sie über die Stadt verstreut. Durch Vertreibung und Vernichtung im »Dritten Reich« war die Trierer Judengemeinde vorübergehend recht klein (die neue Synagoge von 1957 liegt in der Kaiserstraße).

Nach dem Normannensturm von 882 verlegte der Erzbischof den Markt vom Fluss auf den heutigen Standort; das **Marktkreuz** von 958 erinnert noch an diesen Vorgang. Das Original des Kreuzes befindet sich im Stadtmuseum, der Säulenschaft ist ursprünglich eine römische Granitsäule aus dem Dom. Trier besitzt nur wenige Fachwerkhäuser – die römische Steinbautradition hielt sich hier, schon alleine wegen der riesigen Mengen überall herumliegenden Steinmaterials.

Der **Hauptmarkt** wurde zum Zentrum des mittelalterlichen Triers (mit Markt jetzt seit mehr als tausend Jahren), mit dem Pranger (in der südlichen Ecke des Marktes versetzt rekonstruiert), dem offiziellen städtischen Ellenmaß (Rekonstruktion) an der **Steipe**, dem Festhaus des Stadtrates, mit unmittelbarem Zugang zur Stadtkirche **St. Gangolf** (durch das kleine Barocktor an der Südseite – die Kirche selbst ist völlig von Häusern und Verkaufsständen umbaut), Zugang zum Dom, zum Judenviertel sowie zu insgesamt sechs Straßen.

STEIPE

Der **Marktbrunnen** von 1595 zeigt den hl. Petrus, Schutzpatron sowohl des Doms als auch der Stadt, obenauf, umgeben von den vier Kardinaltugenden des guten Stadtregiments, Gerechtigkeit,

ST. GANGOLF

Marktkreuz von Erzbischof Heinrich (HENRICVS)

Hauptmarkt: Steipe und Rotes Haus; Fachwerkhäuser

Stärke, Mäßigkeit und Klugheit (Originale im Stadtmuseum), aber auch von kleinen Ungeheuern und schabernacktreibenden Äffchen.

Der Brunnen wie auch der Dom, die Pfarr- und (frühere) Zunftkirche St. Gangolf sowie die Steipe nahmen alle Anteil an dem dreihundertjährigen Ringen um die Stadtherrschaft. Zwischen dem 10. und dem 12. Jahrhundert waren die Trierer Erzbischöfe, die geistlichen Herren, auch die weltlichen Herren geworden und besaßen natürlich die Kirche mit dem höchsten Turm, eben den Dom – der linke Turm zeigt noch die Originalhöhe. Die Stadtkirche außerhalb der ummauerten Domstadt, St. Gangolf, war demütig kleiner, bis 1507 eine reiche Witwe der Stadt Geld stiftete, um den

Marktbrunnen mit dem hl. Petrus

Turm um zwei Geschosse mit großen Fenstern zu erhöhen. Der Bischof musste darauf reagieren, hatte aber nur genügend Geld für den Südturm, der auch heute noch das gotische Zusatzstockwerk von 1515 auf dem romanischen Turm zeigt. Das weltliche Gebäude der Steipe wurde von der Stadt so gebaut, dass der geistliche Herr es jeden Tag sehen sollte – mit trutzigen Zinnen und Gewappneten, die auf den Dom ausgerichtet sind. Trier wurde jedoch nie eine Freie Reichsstadt, und 1595 ließ der damalige Erzbischof den Marktbrunnen mit dem hl. Petrus in seiner Doppelfunktion als versöhnliche Geste errichten.

Dom und Liebfrauen

Der gegenwärtige **Dom** steht über einer ehemaligen constantinischen Palastanlage. Nach Konstantins letztem Aufenthalt in Trier 328/29 wurde der Palast niedergelegt und durch die größte christliche Kirche der Antike überbaut. Diese war etwa viermal so groß wie der heutige Dom und bedeckte die Fläche von Dom, Liebfrauen, Domfreihof und anstehenden Häusern mit Gärten und reichte damit fast bis zum Markt.

Der heutige Dom enthält noch einen römischen Kern mit Originalmauern bis zu einer Höhe von 25,08 m. Das riesige Fragment einer Granitsäule neben dem Eingang zum Dom deutet ebenfalls auf den römischen Ursprung des Gotteshauses. Nach Zerstörungen im 5. und im 9. Jahrhundert wurde der intaktgebliebene Kern durch romanische Anbauten wieder erweitert – heute zeigt der Dom mit seinen drei Krypten, seinem Kreuzgang, der Domschatzkammer

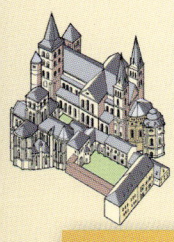

DOM UND **LIEBFRAU-ENKIRCHE**

und der Heiltumskammer Architektur und Kunst aus einer Zeitspanne von über 1.650 Jahren.

Der südliche Teil der römischen Doppelkirche wurde um 1227 abgerissen und vollständig ersetzt durch die frühgotische **Liebfrauenkirche**. Oberirdisch gibt es hier nichts Römisches mehr, aber unter dem Fußboden liegen ausgedehnte römische Grabungsbefunde (nicht öffentlich zugänglich), und mehrere der gotischen Pfeilerbündel stehen auf römischen Säulenfundamenten. Die mittelalterliche Kirche folgt aber nicht mehr dem Grundriss der langen dreischiffigen Basilika, sondern zeigt sich als Rundbau, dessen kreuzförmiges Deckengewölbe mit vier entsprechenden Portalen durch acht gerundete Nischen in den Kreuzzwickeln erweitert wird, so dass der Grundriss einer zwölfblättrigen Rose gleicht, einem Symbol Mariens, der *rosa mystica*, aber auch Hinweis ist auf die zwölf Stämme Israels und die zwölf Apostel. Die Apostel wie auch die zwölf Artikel des Apostolischen Glaubensbekenntnisses sind so auf die tragenden Pfeiler gemalt, dass sie vollständig nur von einem einzigen Punkt aus sichtbar sind, der mit einem in den Boden eingefügten goldenen Stern markiert ist. Der faszinierenden Optik entspricht eine eindrucksvolle Akustik.

Altar in Liebfrauen

Dom-Kreuzgang, gebaut von den Meistern von Liebfrauen

Auf dem Weg nach draußen passiert der Besucher Steinmetzzeichen und Graffiti aus sieben Jahrhunderten, das vielfigurige Westportal, den **Bischofspalast**, das **Palais Kesselstatt** und das Tor, das die Grenze der Domstadt markiert.

Die sogenannte **Basilika**, Konstantins Thronsaal, ist der nächste Haltepunkt. Die Römer wollten durch die Architektur Größe und Macht des Kaisers ausdrücken, und die Halle ist der größte Einzelraum, der aus der Antike überlebt hat, 27,20 m breit, 33 m hoch und 67 m lang – mit einer vorgelagerten Eingangshalle sogar 75 m. Die Raumtiefe wurde durch optische Tricks noch unterstrichen – sowohl die Fenster der Apsis als auch die Nischen darunter werden zur Mitte hin kleiner und schaffen damit eine scheinbar noch stärkere perspektivische Verzerrung.

   Das römische Gebäude war mit Marmoreinlegearbeiten, Mosaiken und Statuen geschmückt und durch einen Hohlfußboden heizbar, aber aller Glanz und alle Technik wurden im 5. Jahrhundert von den Franken zerstört, die dann eine ganze Siedlung in

BASILIKA
UND
KURFÜRST-LICHES PALAIS

die dachlose Ruine hineinbauten. Im 19. Jahrhundert wurde der ursprüngliche Thronsaal wieder aufgebaut, von dem in der Antike das gewaltige Weströmische Reich von Britannien bis Nordafrika regiert wurde. Seit der Mitte des 19. Jahrhunderts wird die Palastaula als die erste und älteste protestantische Kirche im katholischen Trier genutzt.

Im **Kurfürstlichen Palais**, einem prachtvollen Renaissance- und Rokokobau, residierten vom 17. Jahrhundert bis 1794 die Trierer Kurfürsten (Rokokoflügel 1761 von J. Seitz, Skulpturen von F. Tietz). Nach der Enteignung der Kurfürsten durch Napoleon wurde das Gebäude im 19. und bis Anfang des 20. Jahrhunderts von französischen und preußischen Truppen als Kaserne genutzt. Im Zweiten Weltkrieg wurde das Palais schwer beschädigt. Heute beherbergt es verschiedene Behörden.

Im Süden schließt sich der Palastgarten an, eine nach Vorbildern aus der Zeit des Rokoko errichtete Gartenanlage, die entlang dem Rheinischen Landesmuseum bis hin zu den Kaiserthermen reicht.

Basilika (links) und das daran angebaute Kurfürstliche Palais (rechts)

Der Gang zu den Bädern war ein wichtiger Teil des römischen Lebens, und neben einigen kleinen privaten Bädern besaß Trier drei große öffentliche Bäder: die neuentdeckten Forumsthermen, die Barbarathermen und die Kaiserthermen, wobei die beiden letzteren die größten Bäder außerhalb Roms waren und immer noch sind.

Man badete nackt (nicht immer getrennt), konnte Sport treiben, im Kaltbad oder Warmbad sitzen, schwimmen, sich massieren, mit Pinzetten oder Wachs enthaaren oder mittels Schaber, Bimsstein oder fermentiertem Urin säubern lassen. Man konnte sich entspannen, spielen, Geschäfte abwickeln, in Friseurläden, Bibliotheken, Vortragssäle oder Kneipen gehen.

Wenn man die **Kaiserthermen** (Eintrittsgebühr) betritt, gelangt man, nach links gehend, in den Warmbadesaal (*caldarium*, groß genug für Theater- oder Opernaufführungen mit Bühne, Orchester und 650 Sitzplätzen). Das ankommende kalte Wasser wurde in insgesamt sechs Kesselräumen aufgeheizt, von denen noch vier in der bis 19 m hohen Ruine sichtbar sind, die später als Teil der mittelalterlichen Stadtmauer diente. Das etwa 40 Grad heiße Wasser wurde in die drei halbkreisförmigen Badebecken geleitet, wo es von einer Fußbodenheizung, die auch den übrigen überwölbten Raum heizte, heiß gehalten wurde. Vom Caldarium aus kann man in die unterirdischen Bedienungsgänge hinabsteigen oder zum Kaltbad (*frigidarium*) hinübergehen.

KAISER-THERMEN

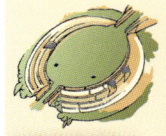

Jenseits der mittelalterlichen Stadtmauer befindet sich das römische **Amphitheater** (Eintrittsgebühr). Hier wurden die grausamen Kämpfe von wilden Tieren und Gladiatoren gezeigt, beliebte öffentliche Unterhaltungsspiele.

AMPHI-THEATER

Bild links: Innenansicht Basilika, linke Seite und Apsis weitestgehend original

Warmbad der Kaiserthermen

Amphitheater

Kurz hinter dem modernen Eingang (Eintrittsgebühr) geht man durch die Überreste des Eingangstores, das im Mittelalter als Steinbruch gedient hatte. Die Arena selbst wird durch eine Schutzmauer gefasst, in der sich Öffnungen für Tierkäfige befinden. Die steinernen Sitzreihen wurden im 13. Jahrhundert als Baumaterial wiederverwendet, doch das Amphitheater hat seine kristallklare Akustik behalten und wird heute auch als Konzertstätte genutzt. Unter der Arena liegt ein großer Keller, in dem in römischer Zeit zum Tode Verurteilte (*ad bestias*, zu den Bestien!) neben exotischen wilden Tieren, wie afrikanischen Löwen oder asiatischen Tigern, gefangengehalten wurden, bevor ein Aufzug sie zum Tod nach oben brachte.

In der Nähe des Amphitheaters liegt der Ort der antiken **Wagenrennbahn**, die in einer Beschreibung von 310 mit dem Circus Maximus in Rom verglichen wurde. Nichts ist von dieser Rennbahn übriggeblieben außer zweier gerader Straßen und einer scheinbar unmotivierten Straßenkurve vor St. Agritius – hier lag früher der Wendepunkt.

Die drei Trierer Bäder liegen auf einer Achse, da sie alle von der gleichen 13 km langen Wasserleitung gespeist wurden, welche die Stadtmauer nahe dem Amphitheater unterschnitt. Die Bäder benutzten auch den gleichen Abwasserkanal, der sich heute noch unter der Stadt hinzieht, allerdings nur durch einen Privatkeller erreichbar ist.

Geht man entlang der Kaiserstraße weiter in Richtung Mosel, kommt man am römischen Forum (nicht mehr sichtbar) vorbei,

Trier am Abend, vom Petrisberg gesehen

Forumsthermen

FORUMS-THERMEN

neben dem 1987 die **Forumsthermen** gefunden wurden. Ausschachtungen für eine Tiefgarage brachten die Überreste eines Bades ans Licht, verborgen unter Asphalt, Luftschutztunneln, den Ruinen des Kapuzinerklosters aus dem 17. Jahrhundert, früheren Weinbergen und zwei alten Friedhöfen. Warmbäder, ein überraschend gut erhaltenes Kaltbad, Fußbodenheizungen, Abwasserkanäle und massive Wände auf tiefgehenden Fundamenten werden in einer Mischung von Ausgrabung und Museum (Eintrittsgebühr) zugänglich gemacht.

Der Weg zum Fluss führt an der neuen Synagoge (1957), einem Rotsandsteinturm (1557) der Stadtmauer und, neben dem Rathaus, einem Hochbunker (1942) im Stil der Steipe vorbei.

Überreste eines römischen Bades

Barbarathermen mit dem Besuchersteg

Die **Barbarathermen** wurden im zweiten Jahrhundert als das damals größte römische Bad überhaupt gebaut. Die weitläufige Ruine wurde im Mittelalter als Burg benutzt, dann abgerissen und als Steinbruch für den Bau des Jesuitenkollegs (1610) ausgeschlachtet. Nur die Fundamente und die unterirdischen Bedienungsgänge haben überlebt, aber die technischen Einzelheiten der Abwasserkanäle, der Heizöfen, der Becken und des Fußbodenheizsystems können hier noch besser als in den beiden anderen Bädern abgelesen werden. Nur ein Drittel der ganzen Anlage ist ausgegraben. Von einem kostenlos zugänglichem Steg haben Besucher eine gute Sicht auf die Thermen.

BARBARA-THERMEN

Die Pfeiler der **Römerbrücke** von 144–157 n. Chr. (die Bögen und die Fahrbahn stammen aus dem 18. Jahrhundert) sind tief in den gewachsenen Fels unter dem Flusskies gegründet. Sie wurden

RÖMER-BRÜCKE

Römerbrücke mit fünf Originalpfeilern

aus großen Quadern gebaut, die wie die Steine der Porta Nigra mit Eisenklammern zusammengehalten wurden (die römischen Klammern sind im Pfeilerinneren verborgen; die sichtbaren Klammern stammen aus späterer Zeit). Diesmal ist die schwarze Farbe aber echt, es handelt sich zumeist um Andernacher Eifelbasaltlava. Am 2.3.1945 eroberten die Amerikaner die Brücke in einem Handstreich, so dass sie als einzige Moselbrücke nicht gesprengt wurde – die (leeren) Sprengkammern sind flussaufwärts von der Brücke auf den Pfeilern noch sichtbar.

Der Weg moselabwärts führt den Besucher wieder zur Porta Nigra zurück. Die Straße folgt dem Verlauf der römischen wie der mittelalterlichen Stadtmauer. Das Flussufer war natürlich früher stets Hafen und Anlegestelle. Ein erster Hinweis ist ein **Krahn** von 1774

KRAHN

Blick von der linken Moselseite

Krahnen am Moselufer

mit der gleichen Hebetechnik wie der des weiter flussabwärts gelegenen von 1413: ein Rundturm mit einem drehbaren Dach, das auf einem senkrechten Kaiserbaum aufliegt; die Flaschenzüge an den beiden Auslegearmen wurden von einem großen Tretrad bewegt. Der Mechanismus wurde bis 1910 benutzt und wird betriebsfähig gehalten – er ist durch kleine Fenster einsehbar.

ST. IRMINEN

Von den vier früheren Klöstern (**Mutterhaus der Borromäerinnen**, heute ein Krankenhaus; **St. Irminen**, ein Altersheim; das **Katharinenkloster**, eine Abteilung der Fachhochschule; **St. Martin**, ein Studentenwohnheim) ist St. Irminen das interessanteste. Das ursprüngliche Frauenkloster wurde 640 in die Ruinen einer römischen Lagerhalle hineingebaut, so dass es im Innern noch römische Wände bis zu einer Höhe von 7,50 m und einen mittelalterlichen Weinkeller mit zwei römischen Mauern gibt.

Das **Landesmuseum** (Eintrittsgebühr) in der Nähe der Kaiserthermen besitzt die reichste Sammlung an römischen Funden in Deutschland; die Fundmenge ist so reichhaltig, dass sie nur zu einem Teil ausgestellt werden kann. Der Innenhof enthält die bemalte Kopie der 23 m hohen **Igeler Säule** (römischer Grabpfeiler; das Original steht in Igel, 8 km von Trier entfernt). Im Museumsinnern

17

Schatzkammer geöffnet …

HUNDERT HIGHLIGHTS

Kostbare Handschriften und Drucke der Stadtbibliothek Trier

Hochkarätige Ausstellung mit wechselnden Exponaten

**Di–So + Feiertag: 10–17 Uhr
Montag geschlossen**

Schatzkammer der Stadtbibliothek
Weberbach 25 · 54290 Trier
Tel. 0651/7181427
schatzkammer@trier.de
www.stadtbibliothek-weberbach.de

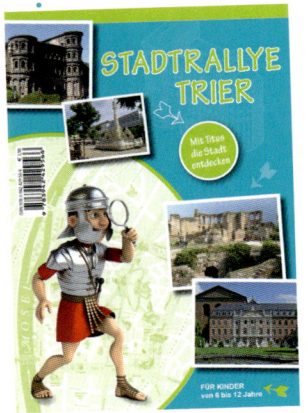

findet man noch originale Farbreste auf römischen Grabmälern mit Szenen aus dem damaligen Alltag (Schule, Jagd, Frisieren, Mahlzeiten, Tanz, Pachtzinszahlung usw.).

Das Museum zeigt prachtvolle Mosaike wie das eines römischen Wagenlenkers, eine Glassammlung, heidnische und christliche Motive und, als besonderen Glanzpunkt, Exemplare einer der besten römischen Münzsammlungen weltweit. Gebrauchsgegenstände und Kunst aus Steinzeit und Bronzezeit, Kelten- und Merowingerzeit, dem Mittelalter und der frühen Neuzeit runden die Museumssammlungen ab.

Das **Museum am Dom** (Eintrittsgebühr) besitzt eine Sammlung archäologischer Funde und christlicher Kunst. Da die wichtigsten Trierer Kirchen über römischen Bauten errichtet wurden, überrascht es nicht, dass die archäologischen Funde den Kern der Sammlung bilden.

Ein Deckengemälde aus dem ersten Viertel des vierten Jahrhunderts, dessen Bruchstücke drei Meter unter dem Boden der Vierung des Doms gefunden

Polydus-Mosaik (Landesmuseum)

Diatretglas (Landesmuseum)

Maximiner Fresko mit Kreuzigung und Märtyrern (Museum am Dom)

Deckengemälde: »Juwelenmädchen« (Museum am Dom)

wurden, gehört wahrscheinlich zu einem konstantinischen Palast und wurde über einen Zeitraum von 40 Jahren aus über 30.000 Stücken wieder zusammengesetzt. Die wiederhergestellte Lettnermauer, die im südlichen Teil der römischen Doppelkirche ausgegraben wurde, bildet mit ihren anrührenden Ritzinschriften ein Fenster in das Frühe Christentum.

Das ungewöhnlich gut erhaltene Wandfresko mit einer Kreuzigung aus einer Krypta von St. Maximin (spätes 9. Jahrhundert), eine Sammlung römischer Textilien und mittelalterlicher Kirchengewänder, originale frühgotische Statuen von der Liebfrauenkir-

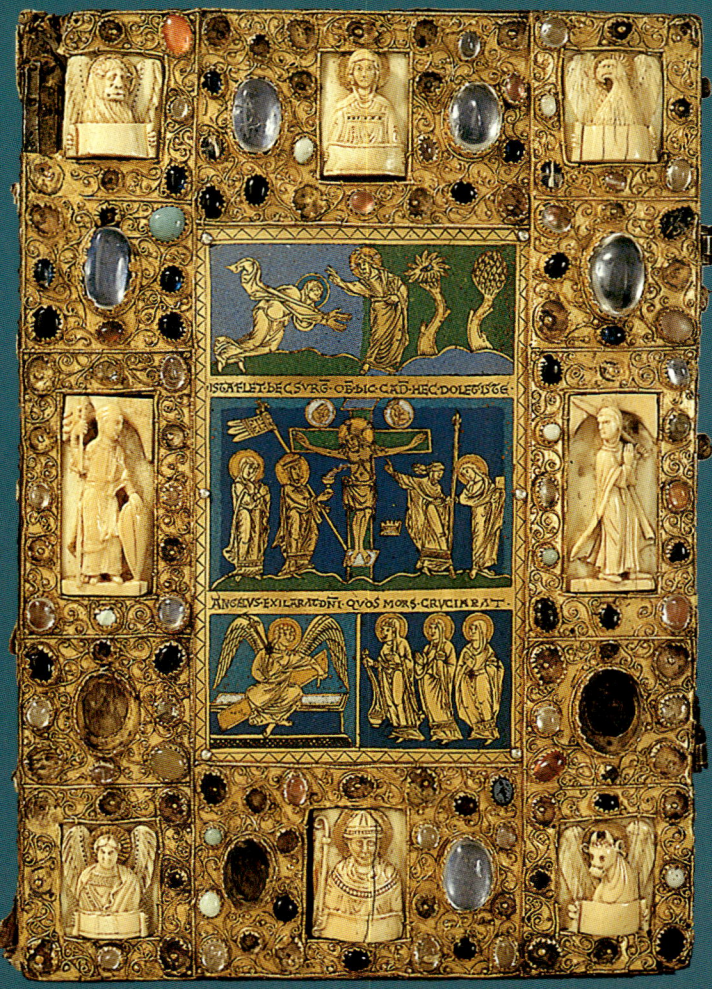

che sowie Kunstwerke aus der Hand von Bildhauern, Elfenbeinschnitzern und Goldschmieden aus vielen Jahrhunderten ergänzen die Sammlung.

Der heilige Nagel (Domschatzkammer)

Die **Domschatzkammer** (Eintrittsgebühr) ist kein Museum, sondern eine Sammlung religiöser Kunstgegenstände aus fünfzehn Jahrhunderten, die im Gottesdienst benutzt wurden und noch werden könnten, z.B. Weihrauchfässer des zwölften Jahrhunderts, barocke Monstranzen, Bischofsstäbe aus sieben Jahrhunderten. Das herausragende Objekt, auch eines der ältesten, ist der St. Andreas-Tragaltar aus dem 10. Jahrhundert, ein Eichenkästchen, verziert mit Elfenbeinschnitzereien, Email- und Goldarbeiten, das die Reliquie der Sandale des Apostels enthält. Noch älter sind das karolingische Heilig-Nagel-Reliquiar mit dem hl. Nagel und eine byzantinische Reliquienübertragungs-Szene, aus einem ungewöhnlich großen Stoßzahn geschnitzt. Faszinierend sind auch die Kamelhaarmütze und das griechische Lektionar (9. Jahrhundert) des hl. Simeon, der ja als Einsiedler in der Porta Nigra gelebt hatte. Abgerundet wird die Sammlung durch einige illuminierte Evangeliare des zwölften Jahrhunderts in prachtvollen Einbänden.

Das **Stadtmuseum Simeonstift** (Eintrittsgebühr) hat durch einen neuen Flügel für die legendäre Konstantin-Ausstellung im Jahr 2007 rund 600 Quadratmeter hinzugewonnen. Der Platz wird für Wechselausstellungen bzw. einen Teil der museumseigenen Gemäldesammlung und der sehr qualitätvollen Möbelsammlung

Innenstadt mit Dom und Liebfrauen

Blick über das Stadtmodell (Stadtmuseum Simeonstift)

genutzt. Daneben wird mit neuen Themenschwerpunkten wie Wirtschaft, Mobilität, Migration, Sport, Religionsgemeinschaften und reichen Altbeständen die 2000-jährige Stadtgeschichte nachgezeichnet, u.a. mit den Originalen von Marktkreuz, Petrusbrunnenfiguren und Steiperiesen sowie einem Mäzenatenkabinett mit ausgesuchten Exponaten aus den Stiftungen Hermes, Kraus, Rautenstrauch, Dr. Schunk und Stapel. Zwei besondere Schwerpunkte sind die Textilsammlung (auch mit 300 koptischen Stücken) und die umfangreiche Gemäldegalerie. All das in einem Museum, das mit römischen Fundamenten und dem berühmten frühromanischen doppelstöckigen Kreuzgang selbst Stadtgeschichte verkörpert.

Karl-Marx-Haus – Innenhof

Es mag überraschen, dass Karl Marx nicht in einer Industriestadt geboren wurde, sondern in Trier, was zu jener Zeit (5.5.1818) weniger als 10.000 Einwohner hatte. Die andere Überraschung mag sein, dass sein Geburtshaus, das **Karl-Marx-Haus** (Eintrittsgebühr), nicht in der Karl-Marx-Straße, sondern in der Brückenstraße liegt (Nr. 10; der Anfang dieser Straße wurde nicht umbenannt, um die historische Adresse zu erhalten). Das Haus ist eines der schönsten Bürgerhäuser in Trier mit dem straßenseitigen Haus von 1727, einem Innenhof, einem Anbau aus den 1860er Jahren, und einem überraschend großen Garten. Das Museum enthält im wesentlichen die Frühgeschichte von Sozialismus und Kommunismus sowie das Leben von Karl Marx. Erstausgaben vom **Manifest der Kommunistischen Partei** und der erste Band von **Das Kapital** von 1867 sowie handschriftliche Gedichtbände ergänzen die zu seinem 200. Geburtstag in 2018 neu gestaltete Ausstellung.

KARL-MARX-HAUS

Karl-Marx-Haus

Spielzeugmuseum – Puppen, Blechspielzeug

Das **Spielzeugmuseum** (Eintrittsgebühr) in der Steipe am Hauptmarkt, die Ausstellung einer umfangreichen Privatsammlung, ist das jüngste unter den Trierer Museen. Mechanisches Spielzeug, Armeen von Zinnsoldaten, Puppen, Plüschtiere, Spielzeug aus dem »Dritten Reich«, ein kompletter Zoo, aufziehbare und elektrische Eisenbahnen füllen mehrere Stockwerke. Die Erwachsenen sind mindestens so fasziniert wie die Kinder, wenn sie in einem Zeitknick ihre eigene Vergangenheit vergegenwärtigt sehen.

Codex Egberti (Stadtbibliothek)

Die **Archäologische Original- und Abgusssammlung des archäologischen Instituts der Universität Trier,** Trier-Tarforst, besitzt eine Sammlung von Gipsabgüssen römischer und griechischer Statuen sowie eine wachsende Sammlung von Originalen aus Italien und Ägypten.

Die **Schatzkammer der Stadtbibliothek** (Eintrittsgebühr) stellt Raritäten aus ihrem riesigen Bestand an Manuskripten, Dokumenten und Büchern aus. Das älteste Buch datiert von 719, aber es verblasst gegen-

Barocker Globus in der Schatzkammer der Stadtbibliothek

Begräbnisstätte unter St. Maximin

über dem **Ada-Evangeliar** (ca. 800) mit seinen prachtvollen Illuminationen und dem gemmenbesetzten Einband von 1499 oder dem **Codex Egberti** von ca. 985 mit seinen 56 Miniaturen. Die **Gutenberg-Bibel** gehört zu den rund 3.000 Wiegendrucken der Bibliothek; die interessantesten bilden neben Handschriften und zwei barocken Globen einen Teil der Ausstellung.

Im Norden der Stadt, außerhalb der Porta Nigra und der römischen Siedlungsfläche, liegen zwei Kirchen mit römischen Bischofsgräbern auf dem antiken Nordfriedhof: **St. Maximin** und **St. Paulin**. Die erstere, lange Zeit eine Reichsabtei der Benediktiner mit mehreren Vorgängerbauten, diente nicht nur als Begräbnisstätte einiger der ersten Trierer Bischöfe, sondern auch der frühen Trierer Christen überhaupt. Der jetzige Bau von 1684 wurde in vieljähriger Arbeit u.a. als Konzertraum wiederhergestellt. Die Dominformation vermittelt einstündige unterirdische Führungen (wie auch in den Domgrabungen und den St. Matthiasgrabungen).

ST. MAXIMIN

![St. Paulin, Innenansicht]

St. Paulin, Innenansicht

St. Paulin, eine ehemalige Stiftskirche, ist seit 1804 Pfarrkirche. Der einschiffige Bau im Übergang vom Barock zum Rokoko, 1734 begonnen und nach Plänen von Johannes Seitz und Balthasar Neumann gebaut, verfügt über ein großartiges Deckengemälde von Christoph Thomas Scheffler, u.a. mit zwei Szenen aus dem Leben des 353 exilierten Bischofs Paulinus. Der baldachinüberspannte Marienaltar (Immaculata) stammt von Ferdinand Tietz. In der Krypta steht der Paulinus-Grabaltar zwischen anderen römischen Gräbern.

ST. PAULIN

Mittelschiff St. Matthias

ST. MATTHIAS

Nach einer Inschrift in **St. Matthias** sollen die beiden ersten Trierer Bischöfe, Eucharius und Valerius, im Jahre 50 von keinem Geringeren als dem hl. Petrus selbst nach Trier geschickt worden sein und hätten damit in direkter apostolischer Nachfolge gestanden. In Wirklichkeit lebten die beiden Bischöfe im späten dritten Jahrhundert und wurden hier im römischen Südfriedhof beerdigt. Heute stehen die Särge in der Krypta der gegenwärtigen Pfarr- und Abteikirche (Benediktiner) von 1148. Während der Arbeiten für diesen romanischen Bau wurden Reliquien von St. Matthias (dem dreizehnten Apostel, Nachfolger von Judas) entdeckt – der Schrein bildet noch heute ein Magnet für Tausende von Pilgern. Obwohl die Kirche, deren Barockfront aus der Zeit nach 1700 stammt, viel von ihrer ursprünglichen Innenausstattung verloren hat, deuten das restaurierte Kreuzfenster von ca. 1500 und das gotische Netzgewölbe aus der gleichen Zeit noch etwas von der ursprünglichen Pracht an. Viele Besucher kommen täglich zu der Marienkapelle im linken Seitenschiff mit ihrem ikonenhaften Marienbild von ca. 1700. Neben der Kirche befindet sich ein mit Pilgerandenken wohlausgestatteter Klosterladen.

Bild rechts: St. Matthias mit Pilgerkreuz

Tor der Pfalzeler Stadtmauer, zu Wohnungen ausgebaut

Eine der weniger bekannten Perlen der Stadt Trier ist das einge-
meindete **Pfalzel**. Wie schon der Name, der sich von *palatiolum*
= kleiner Palast herleitet, andeutet, waren es spätrömische Kaiser, die diesen festungsartigen Palast an strategischer Stelle nur
wenige Kilometer unterhalb der Stadt in der Nähe einer jüngst
entdeckten zweiten römischen Brücke errichten ließen. Im Mittelalter wurden Teile der Palastruine als Wände für eine Klosterkir-
che (später Stiftskirche), für Keller, Scheunen und Häuser genutzt.
Noch heute sind die römischen Überreste in bis zu zwei Stock-
werken Höhe in mehreren Gebäuden erhalten; das Pfarrhaus z.B.
besteht aus zwei gotischen und zwei römischen Mauern.

Ein hübscher Weg nach Pfalzel führt über die Mosel (30 Min. mit dem Schiff). Die Pfalzeler Anlegestelle liegt direkt außerhalb der Stadtmauer aus dem 16. Jahrhundert. Von hier aus gelangt man über kurze Wege zur Kirche (römische Mauern, römischer Mosaikfußboden, römischer Marmorfußboden) und zum Pfarrhaus, zum Tor der erzbischöflichen Burg und zum Verwaltungszentrum des 16. Jahrhunderts, alles in eine Kette von malerischen Häusern gefasst. Bei der Anlegestelle befindet sich, ganz praktisch, ein Restaurant und Café, das teilweise in den alten Kreuzgang des Stifts eingebaut ist.

Bastion der Wallmauer in Pfalzel

Ehemaliges Fischerdorf Zurlauben

**KRAHNEN-
STRASSE**

Es gibt natürlich noch mehr historische Sehenswürdigkeiten als die bereits erwähnten. Zu diesen gehören augenfällige Straßen-ensembles wie die **Glockenstraße**, die liebevoll restaurierte **Krahnenstraße** oder die Moselfront in **Zurlauben**, vor allem aber die gesamte **Domstadt** mit den engen Gässchen zwischen den Kurien der Domkapitulare: hohe Mauern aus wiederverwand-tem römischen Baumaterial, verzierte Tore, Wappen, lateinische Inschriften und Gebäude aus acht Jahrhunderten.

Trier hat rund 95 Kirchen und Kapellen; neben den bereits behan-delten sind auch andere sehenswert wie z.B. **St. Antonius** (13. Jahrhundert), **St. Irminen** (18. Jahrhundert) oder die **Jesuiten-kirche** (13. Jahrhundert).

Der ganze Bereich im Umkreis der Jesuitenkirche ist ein Ensemble für sich mit der **Jesuitengruft**, wo der Jesuit und Dichter Friedrich Spee 1635 bestattet wurde (Schlüssel vom Pförtner), das frühere **Jesuitenkolleg** von 1610, die spätere Lateinschule (wo Karl Marx 1835 Abitur machte), die **Promotionsaula** des 18. Jahrhunderts und das **Bistumsarchiv** mit den alten Kirchenbüchern des Bistums, Informationsquelle vieler Ahnenforscher.

JESUITEN-KIRCHE

Das frühklassizistische **Schloss Monaise** (übers. mein Behagen) liegt, umgeben von einem weitläufigen Garten, am linken Moselufer, flussaufwärts des Sportboothafens. Bis heute hat sich der Charme des einzigen, im Louis-Seize-Stil errichteten Bau auf deutschem Boden erhalten. Eine Innenbesichtigung ist nicht möglich. Im Schloss befindet sich ein Restaurant der gehobenen Kategorie.

Schloss Monaise

ZUSÄTZLICHE HINWEISE UND INFORMATIONEN

Mit seinem mittelalterlichen Erbe, 20 römischen Baulichkeiten sowie rund 95 Kirchen und Kapellen bietet Trier ein unerschöpfliches Angebot für allgemeine Rundgänge und Rundfahrten mit den unterschiedlichsten Verkehrsmitteln. Dazu gehören Erlebnisführungen mit Karl Marx, einem römischen Zenturio, einem Gladiator oder gar dem Teufel höchstpersönlich, Kostümführungen mit einem echten Römer, dem Trierer Bänkelsänger oder dem humorvollen Nachtwächter, Kinderrundgänge, Weinführungen, Themenführungen und Führungen zu Museen und Bauwerken, auch barrierefrei und in vielen Sprachen.

Durch die Nähe zu Luxemburg (12 km), Frankreich (55 km) und Belgien (65 km) ist Trier eine Einkaufsstadt nicht nur für das gesamte Umland und die zahlreichen chinesischen Gäste. Seit 1971 ermöglicht die große Fußgängerzone entspanntes Bummeln und Shoppen für Jeden. Die umfangreichen Grünflächen des Alleenrings und des Volksgartens im Palastgarten bieten Gelegenheit zum Ausruhen und Picknicken selbst im Innenstadtbereich oder auf dem Gelände der ehemaligen Landesgartenschau (2004) auf dem Petrisberg.

Mit ihren vielen alten und großen Bauten verfügt die Stadt außerdem über viele reizvolle akustische Räume, in denen sich ein reiches Musikleben abspielt, das auch von einer Reihe traditionsstarker Chöre und von einer Vielzahl ganz unterschiedlicher Orgeln bedient wird.

Die Gastronomie nutzt eine Reihe dieser alten Baulichkeiten ebenso wie neue und uralte Rezepte (nach Apicius, dem Leibkoch des Kaisers Tiberius), die in Trier, der Sekthauptstadt Deutschlands

Im Zentrum der Domstadt

Kornmarkt mit Georgsbrunnen (1750)

wie auch dem Sitz bedeutender Weinkellereien, natürlich zusätzlich vom Wein begleitet werden. Für Weinfreunde gibt es einen Weinrundgang mit Kellerbesichtigung, eine Weinführung mit dem Winzer über den Weinkulturpfad, den Besuch einer kommentierten Weinprobe im ältesten Weinkeller Deutschlands, Fackelwanderung mit Weinprobe oder eine kommentierte Weinprobe bei Winzern und in Weinhäusern, wahlweise in der Stadt oder im nahegelegenen Olewiger Tal.

Trier ist eine Stadt, die gerne feiert. Da der hl. Petrus Dom- wie auch Stadtpatron ist, bildet der 29.06. (Peter und Paul) den Kern des um diesen Tag herum gelegten Altstadtfests. Die zweite große Veranstaltung ist der Trierer Weihnachtsmarkt, der größte seiner Art zwischen Aachen und Straßburg, ausgerichtet vor den malerischen Kulissen des Hauptmarkts und des Domfreihofs. Wei-

Turm Luxemburg auf dem Petrisberg

tere wichtige Feste sind das Weinforum, die Chormeile, Porta[3], das Trierer Moselfest (Anfang Juli), das Olewiger Weinfest (Ende Juli). Dazu gesellen sich natürlich die kleinen und feinen Feste der einzelnen Stadtteile und die Feste der Umgebung. Wenn die Weinbaugemeinden an Mosel und der Unteren Saar (beide weitgehend mit Riesling-Weinen und -Sekten) bzw. der Obermosel und Luxemburg (beide vorwiegend mit Elbling-Weinen und -Sekten) in September und Oktober feiern, hat auch Trier seine größten Besucherzahlen.

Eine UNESCO-Welterbestätte ist natürlich eine besondere Zierde für einen Ort. Und das nähere und weitere Umland von Trier hat da einiges zu bieten, sei es Nancy mit den großzügigen barocken Stanislas-Plätzen (1983), das Saarland mit der Völklinger Eisenhütte (1994), Luxemburg als Festungsstadt (»Gibraltar des Nordens«, 1994) und das bezaubernde Obere Mittelrheintal

(seit 2002) — Metz/Toul/Verdun/Luxemburg waren bis zur Französischen Revolution im Erzbistum Trier — das Mittelrheintal gehört heute noch teilweise dazu. Und die faszinierende Igeler Säule vor den Toren Triers ist seit 1986 ebenfalls völlig zu Recht Teil des UNESCO-Weltkulturerbes. In Trier selbst weiß man gar nicht, wo man anfangen soll, umfasst doch die Liste dort seit 1986 gleich acht Bauten (Porta Nigra, »Basilika«, Kaiserthermen, Barbarathermen, Römerbrücke, Amphitheater aus rein römischer Zeit; Dom und Liebfrauen als römisch-christlich bzw. mittelalterlich-christlich). Und der Egbert-Codex der Stadtbibliothek Trier gehört seit 2004 zum UNESCO-Register »Memory of the World« — nichts verkörpert die geballte Häufung an Weltkulturerbe besser als diese kleine Andeutung.

Informationen zu Freizeitaktivitäten, den zahlreichen Festlichkeiten, Ausstellungen, Konzerten, Vorträgen und Gastspielen, aber auch zu den nützlichen wie angenehmen Hilfen für den Touristen bieten die Tourist-Information Trier an der Porta Nigra sowie die Dom-Information am Dom persönlich wie virtuell.

Die Stadt bezieht ihre Anziehungskraft aber auch aus dem abwechslungsreichen Umland, das neben anderen Verkehrswegen über Mosel und Saar, über Top-Wanderwege und die Radwandernetze erreichbar ist, aber auch gleichzeitig Exkursionen zu Rhein, Hunsrück/Hochwald, Saarland, Eifel und nach Luxemburg-Stadt, Echternach, Metz, Verdun, Nancy usw. ermöglicht.

Luxemburg Stadt, Palast des Großherzogs

Teil des Weihnachtsmarktes auf dem Hauptmarkt

HIGHLIGHTS:

Januar: **Weinforum Mosel**

April: **Heilig-Rock-Tage; Chormeile**

Mai bis Juni/Juli und September:
Sommerzyklus der **Orgelkonzerte** in Dom und Basilika

Mai bis September: **Trierer Sommer** mit vielen verschiedenen
Konzerten auf der Bühne im Brunnenhof

Juni: **Porta³**; **Altstadtfest** mit **Stadtlauf**

Juni bis September: **Mosel Musikfestival**

Anfang Juli: Trierer **Handwerkermarkt**; Trierer **Moselfest**

Ende Juli: **Olewiger Weinfest**

Advent: **Trierer Weihnachtsmarkt**; Internationaler **Silvester-
lauf**

Daten und Programme finden Sie unter www.trier-info.de.

Nells Ländchen

IMPRESSUM

© Verlag Michael Weyand GmbH, Trier, www.weyand.de; Nachdruck und Vervielfältigung nur mit ausdrücklicher schriftlicher Genehmigung des Verlags. Alle Angaben ohne Gewähr.

Texte: Hans-Joachim Kann, Frankie Sue Kann

Gestaltung: Sabine König, Jennifer Neukirch

Fotos: Hans Georg Eiben Umschlag, 2, 7, 8/9, 10, 11, 12, 13, 14, 15, 16, 17, 18, 22 u, 24/25, 26 o, 27, 28, 29, 30, 43, 48, 49, 50, 51, 52, 53, 54, 55, 57, 58, 59, 60/61, 64; Josef Tietzen Umschlag, 19 li, 20; Museum am Dom Trier 36, 37, Umschlag; Bischöfliches Generalvikariat 38, 39; Rheinisches Landesmuseum 1, 35; Spielzeugmuseum 44; Stadtbibliothek Trier 45, 46; Stadtmuseum Simeonstift 5, 42, Umschlag; M. Weyand 19 re, 62; Christian Millen 22 o, 63; ttm GmbH 26 u, 47; Igor – stock.adobe.com 40/41; Yaph Photograph Umschlag

Druck: Repa Druck

ISBN 978-3-935 281-71-3   04/20